VORWORT

„Wenn Mann und Frau auch auf dem gleichen Kissen schlafen, so haben sie doch unterschiedliche Träume."

Ein Zitat, das mich nicht gerade so beeindruckt, dass ich es in diese Sammlung aufgenommen hätte, aber auch keines, gegen dessen Inhalt etwas einzuwenden wäre. Es wird Dschingis Khan, dem Mongolenführer zugeschrieben, dem auch nachgesagt wird, aus heutiger Sicht nicht gerade feinfühlig mit seinen Gegnern umgegangen zu sein.

Ich habe beim Sammeln der Sprüche einzig und allein darauf geachtet, wie sehr deren Inhalt uns heute noch, bis zu 3000 Jahre nach deren verbaler oder schriftlicher Erstveröffentlichung, zum Nachdenken bringen kann, uns anregen oder uns wenigstens Zustimmung geben lassen kann. Wenn der betreffende Autor in seinem Leben auch andere Dinge gesagt oder getan hat, die uns in der Gegenwart unverständlich sein mögen oder die wir ablehnen müssen, so hat das keine Berücksichtigung gefunden. Die Sammlung ist also rein sinn-orientiert und nicht autoren-orientiert, weshalb der Urheber auch ohne Angabe zu Lebenszeit und Person genannt wird.

Es handelt sich um eine ganz persönliche Zusammenstellung von Gedanken, die mir, dem Herausgeber etwas bedeuten, in meinem bisherigen Leben eine Rolle gespielt haben oder von denen mir wenigstens bewusst ist, dass sie in meinem weiteren Leben eine Rolle spielen sollten.
Zum Großteil habe ich dabei an bestimmte Menschen aus meiner Umgebung gedacht, vielleicht ja gerade auch an Dich / an Sie?

Das Format, das pro Doppelseite nur einen Gedanken darstellt, soll dazu anregen, sich vielleicht besser mit diesem einen Zitat länger zu beschäftigen, als das Buch in einem durchzulesen, oder aber Platz lassen, eigene Assoziationen und Kommentare dazu zu schreiben.

Viel Freude und alles Liebe!

September 2017

Johann Pieler

Herstellung und Verlag:
BoD - Books on Demand, Norderstedt
ISBN 978-3-7448-3093-5

Groll mit sich herumzutragen, ist wie das Greifen nach einem glühenden Stück Kohle, in der Absicht, es nach jemandem zu werfen.

Man verbrennt sich dabei nur selbst.

Buddhistische Weisheit

Fürchte Dich nicht,
langsam zu gehen.

Fürchte Dich nur,
stehen zu bleiben.

Chinesische Weisheit

Ein Schiff ist im Hafen sicher, aber dafür werden Schiffe nicht gebaut.

John Augustus Shedd

Es kann nur ein
Lächeln aus dem
Spiegel blicken,
wenn ein
Lächelnder hinein
sieht.

Chinesische Weisheit

Das Schlimmste ist, wenn man sich selbst vergisst.

Konfuzius

Ein wahrhaft
großer Mensch
verliert nie die
Einfachheit eines
Kindes.

Chinesische Weisheit

Wer die Wahrheit sagt, braucht ein schnelles Pferd.

Chinesische Weisheit

Erfahrung ist
wie eine Laterne
am Rücken.

Sie beleuchtet
nur den Teil des
Weges, der schon
hinter uns liegt.

Konfuzius

Pflichtbewusstsein ohne Liebe
macht verdrießlich.
Verantwortung ohne Liebe macht
rücksichtslos.
Gerechtigkeit ohne Liebe macht
hart.
Wahrhaftigkeit ohne Liebe macht
kritiksüchtig.
Klugheit ohne Liebe macht
betrügerisch.
Freundlichkeit ohne Liebe macht
heuchlerisch.
Ordnung ohne Liebe macht
kleinlich.
Sachkenntnis ohne Liebe macht
rechthaberisch.
Macht ohne Liebe macht grausam.
Ehre ohne Liebe macht hochmütig.
Besitz ohne Liebe macht geizig.
Glaube ohne Liebe macht
fanatisch.

Lao-tse

Neben der edlen Kunst,
etwas zu erledigen, gibt es
die nicht minder edle,
Dinge ungetan zu lassen.
Das Aussortieren des
Unwesentlichen ist der
Kern aller Lebensweisheit.

Lao-tse

Die Dinge sind
dazu da,
dass man sie
benutzt,
um Leben zu
gewinnen,
und nicht, dass
man das Leben
benutzt, um die
Dinge zu
gewinnen.

Lao-tse

Ein einfacher
Zweig ist dem
Vogel lieber
als ein
goldener
Käfig.

Lao-tse

Sehr schnell

wird aus

einem

"Nicht jetzt"

ein

"Niemals".

Martin Luther

Wer einen Menschen mit großer Liebe liebt, der liebt auch den,

der diesen Menschen lieb hat, und den, der von ihm geliebt wird.

Abu Hamid al-Ghazâlî

Je stiller du bist, desto mehr kannst du hören.

Chinesische Weisheit

Vergib stets deinen Feinden. Nichts ärgert sie so.

Oscar Wilde

Schwer ist es, die rechte Mitte zu treffen:
Das Herz zu härten für das Leben, es weich zu halten für das Lieben.

Jeremias Gotthelf

Den größten Fehler, den man im Leben machen kann, ist, immer Angst zu haben, einen Fehler zu machen.

Dietrich Bonhoeffer

Es ist besser, ein einziges kleines Licht anzuzünden, als die Dunkelheit zu verfluchen.

Konfuzius

Der Weise sucht, was in ihm ist, der Tor was außerhalb.

Konfuzius

Viel Kälte ist
unter den
Menschen,
weil wir nicht
wagen,
uns so herzlich
zu geben,
wie wir sind.

Albert Schweitzer

Wende dich stets der Sonne zu, dann fallen die Schatten hinter dich.

Chinesische Weisheit

Alles verstehen heißt alles verzeihen.

Buddha

Der einzige Mensch, der sich vernünftig benimmt, ist mein Schneider. Er nimmt jedesmal neu Maß, wenn er mich trifft, während alle anderen immer die alten Maßstäbe anlegen in der Meinung, sie passten auch heute noch.

George Bernhard Shaw

Wenn du damit beginnst, dich denen aufzuopfern, die du liebst, wirst du damit enden, die zu hassen, denen du dich aufgeopfert hast.

George Bernhard Shaw

Dumm sein und Arbeit haben - das ist das Glück.

Gottfried Benn

Wer "nicht in die Welt passt", der ist immer nahe daran, sich selber zu finden.

Hermann Hesse

Die beste Zeit,
einen Baum zu
pflanzen, war
vor zwanzig
Jahren. Die
nächstbeste
Zeit ist jetzt.

Aleksej Andreevic Arakceev

Achte auf deine Gedanken, denn sie werden Worte.

Achte auf deine Worte, denn sie werden Handlungen.

Achte auf deine Handlungen, denn sie werden Gewohnheiten.

Achte auf deine Gewohnheiten, denn sie werden dein Charakter.

Achte auf deinen Charakter, denn er wird dein Schicksal.

Aus dem Talmud

Wir können den Wind nicht ändern, aber die Segel anders setzen.

Aristoteles

Und plötzlich
weißt du:
Es ist Zeit,
etwas Neues
zu beginnen
und dem
Zauber des
Anfangs zu
vertrauen.

Meister Eckhart

Wäre das Wort

"Danke" das einzige

Gebet, das du je

sprichst, so würde es

genügen.

Meister Eckhart

Der junge Arzt
kennt die
Regeln,
der alte Arzt
kennt die
Ausnahmen.

Oliver Wendell Holmes

Das Verlangen nach Gegenliebe ist nicht das Verlangen der Liebe, sondern der Eitelkeit.

Friedrich Nietzsche

Wenn man ein Wozu des Lebens hat, erträgt man jedes Wie.

Friedrich Nietzsche

Wer weiß, wofür er bereit wäre zu sterben, weiß demnach auch, wofür er leben sollte.

Aus dem Zen-Buddhismus

Die Leichtigkeit des Seins liegt nicht im Denken.

Aus dem Zen-Buddhismus

Wirklich gute Freunde sind Menschen, die uns ganz genau kennen, und trotzdem zu uns halten.

Marie von Ebner-Eschenbach

Und was die Weiber betrifft, so war ich diesen sehr gewogen – hätten sie mich nur haben wollen.

Arthur Schopenhauer

Wenn das, was du sagen möchtest, nicht schöner ist als die Stille, dann schweige.

Chinesische Weisheit

Wenn jemand sagt, er habe keine Zeit, bedeutet das nur, dass ihm andere Dinge wichtiger sind.

Chinesische Weisheit

Die einzigen wirklichen Feinde eines Menschen sind seine eigenen negativen Gedanken.

Albert Einstein

Bei einem Vortrag denkt nach Minuten sowieso jeder nur noch an Sex.

Sigmund Freud

Wenn man jemandem alles verziehen hat, ist man mit ihm fertig.

Sigmund Freud

Der Mensch hat dreierlei Wege klug zu handeln: Durch Nachdenken, das ist der edelste. Durch Nachahmen, das ist der leichteste. Und durch Erfahrung, das ist der bitterste.

Konfuzius

Ist der Mensch mäßig und genügsam, so ist auch das Alter keine schwere Last, ist er es nicht, so ist auch die Jugend voller Beschwerden.

Platon

Lerne, dass Siege wie Niederlagen zum Leben eines jeden gehören – außer zum Leben der Feiglinge.

Paulo Coelho

Man kann die Menschen in drei Klassen einteilen: solche, die sich zu Tode arbeiten, solche, die sich zu Tode sorgen und solche, die sich zu Tode langweilen.

Winston Churchill

Wer die Wahrheit sucht, muss sie auch ertragen können.

Chinesisches Sprichwort

Auch mit einer Umarmung kann man einen politischen Gegner bewegungsunfähig machen.

Nelson Mandela

Du kannst ein Haus kaufen,
aber nicht ein Heim!

Du kannst ein Bett kaufen,
aber nicht Schlaf!

Du kannst dir eine Uhr
kaufen,
aber nicht die Zeit!

Du kannst ein Buch kaufen,
aber nicht Wissen!

Du kannst einen Arzt
bezahlen,
aber keine Gesundheit
kaufen!

Du kannst ein Herz kaufen,
aber nicht die Liebe!

Chinesische Weisheit

Es ist kein Anzeichen von seelischer Gesundheit, sich an eine zutiefst gestörte Gesellschaft anpassen zu können.

Jiddu Krishnamurti

Wir sind nur eine etwas fortgeschrittene Brut von Affen auf einem kleinen Planeten, der um einen höchst durchschnittlichen Stern kreist.

Stephen Hawking

Freunde erkennst du nicht daran, wie sie dich lieben, sondern daran, wie sie dich kritisieren.

Chinesische Weisheit

Wahre Hingabe hat ihre Wurzeln in einer ehrfurchtsvollen Dankbarkeit, die zugleich klar, geerdet und intelligent ist.

Sogyal Rinpoche

Was hast du bei einer Frage zu verlieren?

Das "Nein" hast du,

das "Ja" kannst du gewinnen.

Aus dem Zen-Buddhismus

Gesunder Menschenverstand in ungewöhnlichem Maße ist das, was die Welt Weisheit nennt.

Samuel Coleridge

Ob ein Mensch klug ist, erkennt man an seinen Antworten.

Ob ein Mensch weise ist, erkennt man an seinen Fragen.

Nagib Mahfuz

Die wahre Lebenskunst besteht darin, im Alltäglichen das Wunderbare zu sehen.

Pearl S. Buck

Freundschaft ist die reinste und höchste Form der Liebe. Es ist eine Form der Liebe ohne Bedingungen und Erwartungen, bei der man das Geben an sich genießt.

Osho

Wenn du kritisiert wirst,

dann musst du irgendetwas richtig machen. Denn man greift nur denjenigen an,

der den Ball hat.

Bruce Lee

Übermut muss man schneller löschen als einen Brand.

Heraklit

Dass mir der Hund
das Liebste sei,
sagst du, o Mensch,
sei Sünde.

Der Hund blieb mir
im Sturme treu,
der Mensch nicht
mal im Winde.

Franz von Assisi

Wer andere erkennt,
ist gelehrt.
Wer sich selbst
erkennt,
ist weise.
Wer andere besiegt,
hat Muskelkräfte.
Wer sich selbst besiegt,
ist stark.
Wer zufrieden ist, ist
reich.
Wer seine Mitte nicht
verliert, der dauert.

Laotse

Der Blick des Verstandes fängt an, scharf zu werden, wenn der Blick der Augen an Schärfe verliert.

Platon

Wenn du der Fels in der Brandung sein willst, sollte es sich lohnen, sie zu brechen.

Pascal Lachenmeier

Ein berühmter Arzt
ist wie eine
Millionenerbin.

Er weiß nie,
wieweit man ihn als
Menschen und
nicht nur als Arzt
liebt.

Christian Morgenstern

Das ist das Hauptvergnügen, das der Herr seit Adam trieb:
Nur die Zwei,
die sich nicht kriegen,
haben sich ihr Lebtag lieb.

A. de Nora

Wichtig ist
nicht, besser
zu sein als
alle anderen.
Wichtig ist,
besser zu sein
als du gestern
warst!

Japanische Weisheit

Jeder, der sich die Fähigkeit erhält, Schönes zu erkennen, wird nie alt werden.

Franz Kafka

Das größte Übel der heutigen Jugend besteht darin, dass man nicht mehr dazugehört.

Salvador Dali

Man braucht zwei Jahre um sprechen zu lernen und fünfzig, um schweigen zu lernen.

Ernest Hemingway

Sinn des Lebens:

Etwas, das keiner genau weiß. Jedenfalls hat es wenig Sinn, der reichste Mann auf dem Friedhof zu sein.

Peter Ustinov

Habgier im Alter ist eine Narrheit. Vergrößert man denn seinen Reiseproviant, wenn man sich dem Ziel nähert?

Marcus Tullius Cicero

Dass etwas schwer ist, muss ein Grund mehr sein, es zu tun.

Rainer Maria Rilke

Den größten
Reichtum hat, wer
arm an Begierden
ist.

Lucius Annaeus Seneca

Wir sterben viele Tode, solang wir leben, der letzte ist nicht der bitterste.

Heinrich Waggerl

Glück ist, wenn das Pech die anderen trifft.

Horaz

Die gleiche Zeit,
die es dauert,
über die
Vergangenheit
zu trauern,
hat man zur
Verfügung,
um die Zukunft
zu gestalten.

Indische Weisheit

Löse das Problem, nicht die Schuldfrage.

Japanisches Sprichwort

Wer immer tut,

was er schon kann,

bleibt immer das,

was er schon ist.

Henry Ford

Ein bisschen Freundschaft ist mir mehr wert als die Bewunderung der ganzen Welt.

Otto von Bismarck

Wissen, was man weiß, und wissen, was man nicht weiß, das ist wahres Wissen.

Konfuzius

Wir sind gleichzeitig Zuschauer und Schauspieler im großen Drama des Seins.

Niels Bohr